はじめに

— 改訂にあたり—

　本書は、ドイツ語を初歩から学ぶ人のための教科書です。週に１コマ、一年間の授業で、発音から現在完了形まで、ドイツ語初級文法の要点を理解し、日常生活や旅行に必要な最低限の表現を身につけることを目標としています。他の多くの教科書に比べ、本書で取り上げる文法事項はやや少なく、説明や練習問題の量も控えめにしております。本書の内容は、読解や会話に必要なドイツ語の初級文法のうち、中心にあたる部分だけを、シンプルでわかりやすく解説し、ミニマムでありながら、ドイツ語を学び理解する上での基礎力を着実に習得することができるようになっています。本書が目指したのは、会話・読解・作文など、どのような方向への展開も可能な、学びの最初の一歩から続く道を示すことです。

　本書の特徴は以下の通りです。

1. 各課が4ページ、合計10課の構成となっています。週１コマ、一年間の授業で無理なく全範囲を学習できます。

2. 1ページ目にキーセンテンスと文法事項のまとめ、2ページ目が会話文、3ページ目はペアまたはグループでの会話練習、4ページ目には作文問題を収録しています。
   その課で出てくるキーフレーズと文法事項を確認したのち、会話文の中で、実際にどのように使うかを理解し、さらに会話練習と作文練習を通して、自分自身で考えて文法や単語の知識を運用できるようにすることを目指します。

3. アクティブラーニング形式の授業でも、通信教育やオンライン授業などでも、効果的にドイツ語の初級文法を身につけることができます。

4. 左記URLよりアクセスできる補足資料の付属問題集を使って、単語、文法、作文の練習ができます。また各課の音声と単語集、小テスト、まとめテストも収録しています。

5. 著者による文法解説の動画をネット上で利用することで、手軽に教科書の内容を理解し、予習・復習に役立てることができます。

　本書とともに補足問題集、音声、解説動画などを活用することで、孤独になりがちな、皆さんの学びに寄り添うことができれば、著者としては何よりの喜びです。

2020年　秋

著者

◢ 目次 ◣

Lektion 00 Alphabet und Aussprache

◢ Das Alphabet 🎧 2

 解説

A a	[aː]	**I i**	[iː]	**Q q**	[kuː]	**Y y**	[ˈʏpsilɔn]
B b	[beː]	**J j**	[jɔt]	**R r**	[ɛʁ]	**Z z**	[ʦɛt]
C c	[ʦeː]	**K k**	[kaː]	**S s**	[ɛs]	**Ä ä**	[ɛː]
D d	[deː]	**L l**	[ɛl]	**T t**	[teː]	**Ö ö**	[øː]
E e	[eː]	**M m**	[ɛm]	**U u**	[uː]	**Ü ü**	[yː]
F f	[ɛf]	**N n**	[ɛn]	**V v**	[faʊ]	**ß**	[ɛsˈʦɛt]
G g	[geː]	**O o**	[oː]	**W w**	[veː]		
H h	[haː]	**P p**	[peː]	**X x**	[ɪks]		

◢ Aussprache 🎧 3

ドイツ語の発音の原則

1）基本的にローマ字式に読む。

　Name［ナーメ］　Onkel［オンケル］

2）原則的に最初の母音にアクセントが置かれる。

　Träne　kommen

3）アクセントのある母音の後に子音が一つ→長い音、子音が二つ以上→短い音。

　　Leben, haben→長い音　　　machen, bitte→短い音

1 母音の発音 🎧 4

a　Name 名前　　lang 長い

e　Leben 生命　　denken 考える

i　Kino 映画館　　Kind 子ども

o　Brot パン　　kommen 来る

u　gut 良い　　　Nummer 番号

＊aa: Haar 髪、ee: See 湖、oo: Boot ボート

母音＋**h-** → 長い音　　eh: gehen 行く、ah: Bahn 鉄道

2 ウムラウト 🎧 5

ä　口を広く開けて「エ」の音　　　　　　Träne 涙　　ähnlich 似ている

ö　口を丸め、舌は「エ」の位置　　　　　Öl 油　　Löffel スプーン

ü　口を丸く突き出し、舌は「イ」の位置　kühl 涼しい　dünn 薄い

3 二重母音 🎧 6

ei	Ei 卵		drei 3
au	Frau 女性		Bauch 腹
äu / eu	Häuser 家(複数)		neu 新しい
ie	vier 4		Liebe 愛

4 子音の発音 🎧 7

j	Japan 日本	jetzt 現在		
v	Vater 父	viel 多い		
w	Wetter 天気	Wald 森		
z	Zug 列車	Zeitung 新聞		
s+母音	Sohn 息子			
ss / ß	Fußball サッカー	Fluss 川		
sch / tsch	schreiben 書く	Deutschland ドイツ		
語頭**sp / st**	spät 遅い	Straße 道		
ch（a/au/o/u）	Bach 小川	auch 〜も	doch でも	Buch 本
ch（それ以外）	Milch 牛乳	München ミュンヘン		
ig	König 王	fleißig 真面目な		
chs / x	Lachs 鮭	Taxi タクシー		
語末の**-b -d -g**	halb 半分の	Hund 犬	Tag 日	
pf	Pfirsich 桃			
qu	Qualität 質			
dt / th	Stadt 街	Theater 劇場		
語末の**tz / ts / ds**	Katze 猫	rechts 右に	abends 晩に	
語末の**r / er**	ihr 君たち	Mutter 母		

5 パートナー練習 🎧 8

例にならって、自分の名前のつづりをアルファベートで言ってみましょう。

A: Wie heißt du?
B: Ich heiße Takuya Sato.
A: Wie buchstabiert man das?
B: T, A, K, U,...

数字0〜20まで 🎧9

＊ドイツ語の数字は英語とよく似ています。

0	null	5	fünf	10	zehn	15	fünfzehn	20	zwanzig
1	eins	6	sechs	11	elf	16	sechzehn		
2	zwei	7	sieben	12	zwölf	17	siebzehn		
3	drei	8	acht	13	dreizehn	18	achtzehn		
4	vier	9	neun	14	vierzehn	19	neunzehn		

＊数字で発音の規則を覚えましょう。

二重母音ei	eins zwei drei
eu	neun
ie	vier sieben
母音+h	zehn
ウムラウトü	fünf
ö	zwölf
ig	zwanzig
v	vierzehn
w	zwanzig
ch	acht sechzehn achtzehn
chs	sechs

挨拶の表現 🎧10

Guten Tag! / Grüß Gott!	こんにちは！
Wie geht es Ihnen?	お元気ですか？
Danke, gut. Und Ihnen?	ありがとう元気です。あなたは？
Wie geht's?	元気？
Danke, gut. Und dir?	ありがとう元気だよ。君はどう？
Guten Morgen! / Guten Abend! / Gute Nacht!	おはよう／こんばんは／おやすみなさい
Danke schön! / Bitte schön!	ありがとう／どういたしまして
Entschuldigung!	すみません
Auf Wiedersehen!/ Tschüss!	さようなら／バイバイ

01

Wie heißt du?

 Teil A Schlüsselsätze und Grammatik

Wie heißt du?

— Ich heiße Elias.

■ 人称代名詞の種類 🎧12

私は	君は	あなたは
ich	du	Sie

■ ドイツ語の動詞と人称変化 🎧13

動詞は語幹（変化しない部分）と語尾（変化する部分）からなります。動詞の語尾は、主語になる人称代名詞に応じて変化します（人称変化）。

	heißen	**kommen**	**wohnen**
ich	heiße	komme	wohne
du	heißt	kommst	wohnst
Sie	heißen	kommen	wohnen

人称変化のさいに、動詞の語尾は決まった形になります。

ich -e, du -st, Sie -en

*du と Sie の違い：du は親しい人（友人、家族、学生同士など）の間で、Sie はより広く一般社会で使われます。

■ ドイツ語の語順 🎧14

1) 動詞が二番目に置かれる。

Ich wohne in Osaka.

In München wohne ich jetzt.　*必ずしも主語が文頭に置かれる必要はありません。

2) 疑問文の場合は、動詞が一番目に置かれるか、疑問詞の次に動詞が続きます。

Wohnst du in Kobe? — Ja, ich wohne in Kobe.

Wie heißt du?　　　　 — Ich heiße Elias.

■ 疑問詞 🎧15

wie　　wo　　was　　woher　　wohin

確認練習

1) 次の文の動詞をふさわしい形に直しましょう。

1. Wo (　　　　) Sie, Herr Müller?　　〔wohnen〕
2. Ich (　　　　) aus Osaka.　　〔kommen〕
3. Was (　　　　) du, Elias?　　〔studieren〕

2) 次の語を並べ替えて文を作りましょう。

1. du / in München / studierst / .
2. aus Wien / Sie / kommen / .
3. machst / hier / du / was / in Berlin / ?

Elias: Guten Tag, ich heiße **Elias**. Und wie heißt du?

Midori: Hallo, ich heiße **Midori**. Ich komme aus **Osaka**. Und du?

Elias: Ich komme aus **Hamburg**. Studierst du hier in **München**?

Midori: Ja, ich studiere **Geschichte**.

Elias: Freut mich!

Midori: Freut mich!

ペアで話そう ••

1）上の会話文をペアで交代で繰り返し読んでみましょう。

2）名前、出身、専攻などを入れ替えて、自分自身とパートナーについて、質問し答えましょう。

専 攻

☐ Medizin ☐ Biologie ☐ Betriebswirtschaftslehre (BWL) ☐ Wirtschaft
☐ Politik ☐ Jura ☐ Literaturwissenschaften ☐ Mathematik ☐ Chemie
☐ Musik ☐ Philosophie

Teil C Aktivität

1) 下のヒントを手掛かりに疑問文を作り、5人の友達に、名前、出身、住んでいるところ、専攻などを聞いてみましょう。

Wie heißt du?／Woher...du?／Wo...du?／Was...du?

例

Wie heißt du?　　　　　　　　　Ich heiße Shun.

	ich	Partner / Partnerin1	Partner / Partnerin2	Partner / Partnerin3	Partner / Partnerin4	Partner / Partnerin5
名前						
出身						
住まい						
専攻						

2) 0〜10までの数を使った練習

学生証を見て、学籍番号を互いに聞いてみましょう。

Wie ist deine Matrikelnummer?

Meine Matrikelnummer ist 0-1-8-….

0〜10					
0　null					
1　eins	2　zwei	3　drei	4　vier	5　fünf	
6　sechs	7　sieben	8　acht	9　neun	10　zehn	

✎ Teil D **Übungen**

1 次の文にふさわしい人称代名詞を（　　）に入れましょう。

1. （　　　）komme aus Hiroshima.
2. Kommst（　　　）auch aus Hiroshima?
3. Nein,（　　　）komme aus Fukuoka.
4. Herr Schmidt, woher kommen（　　　）?
5. Midori, wo wohnst（　　　）?

2 次の文を、ヒントにあげた語を使ってドイツ語で書きましょう。（動詞はふさわしい形に人称変化させましょう）

1. 君は大阪で何をしているの？　　[du / in Osaka / was / machen / ?]

2. 君は何という名前ですか？　　[heißen / du / wie / ?]

3. シュミット先生、どちらにお住まいですか？　　[wohnen / wo / Sie / Herr Schmidt / ? / ,]

4. 私はドイツ語を習っています。　　[lernen / ich / Deutsch / .]

5. 君はフランス語を習っていますか？　　[lernen / du / Französisch / ?]

6. 君は何を専攻していますか？　　[studieren / was / du / ?]

7. 私は医学を学んでいます。　　[studieren / Medizin / ich / .]

8. 君は何を習っていますか？　　[du / lernen / was / ?]

9. 君はどこから来ましたか？　　[kommen / woher / du / ?]

10. シュミット先生、あなたはどちらの出身ですか？
    [Herr Schmidt / kommen / woher / Sie / ? / ,]

フライブルク　**Freiburg**
大学町そして環境保護の先進都市として知られるフライブルク
は、活気のある美しい旧市街が名物です。

Was studiert er?

 Teil A Schlüsselsätze und Grammatik

Was studiert er?

— Er studiert Wirtschaft.

■ 人称代名詞と人称変化 🎧18

ドイツ語の人称代名詞は全部で9種類あります。

私は	君は	彼は	彼女は	それは	私たちは	君たちは	彼らは	あなたは
ich	du	er	sie	es	wir	ihr	sie	Sie

＊二人称に単数と複数、敬称と親称があるのが、英語と異なる点です。duの複数形がihrです。Sieは単数・複数両方同じ形です。

■ 規則変化動詞の人称変化 🎧19

	kommen	**studieren**	**lernen**	**wohnen**	**heißen**
ich	komme	studiere	lerne	wohne	heiße
du	kommst	studierst	lernst	wohnst	heißt
er/ sie/ es	kommt	studiert	lernt	wohnt	heißt
wir	kommen	studieren	lernen	wohnen	heißen
ihr	kommt	studiert	lernt	wohnt	heißt
sie/ Sie	kommen	studieren	lernen	wohnen	heißen

＊動詞の語尾は決まった形に変化します。ich -e / du -st / er, sie, es -t / wir -en / ihr -t / Sie, sie -en

■ 不規則変化動詞の人称変化 🎧20

	sein	**haben**
ich	**bin**	**habe**
du	**bist**	**hast**
er / sie / es	**ist**	**hat**
wir	**sind**	**haben**
ihr	**seid**	**habt**
sie / Sie	**sind**	**haben**

＊seinは英語のbe動詞、habenは英語のhaveに当たる重要な動詞です。不規則な変化をします。

━━━━━━━━━━━━ 確 認 練 習 ━━━━━━━━━━━━

次の文の動詞を適する形に直し、和訳しましょう。

1. (　　　　) du Deutsch?　　　　　　　　　　　　　　　〔lernen〕
2. Wir (　　　　) in Osaka.　　　　　　　　　　　　　　　〔wohnen〕
3. Wie (　　　　) er? — Er (　　　　) Alexander.　　　　　〔heißen〕
4. Woher (　　　　) ihr? — Wir (　　　　) aus Deutschland.　〔kommen〕
5. (　　　　) du Hunger? — Ja, ich (　　　　) Hunger.　　　〔haben〕

Midori:	Hallo, **Elias**! Wie geht's?
Elias:	Danke, sehr gut!
Midori:	**Elias**, das ist **Takuya**. Er kommt aus **Kyoto** und wohnt jetzt in **München**.
Elias / Takuya:	Freut mich.
Elias:	Was studiert er?
Midori:	Er studiert **Wirtschaft**.
Takuya:	Und ich lerne auch Deutsch.

 ペアで話そう ••

1）上の会話文をペアで音読し、内容を確認しましょう。

2）名前、住んでいるところ、専攻などを入れ替えて、グループで練習しましょう。

3）Wie heißt du? Ich heiße... . —Das ist... . ：ジャンケンで順番を決めます。一番目の人は、
　　自分の名前を名乗り、隣の人に名前を聞きます。二番目の人は、自分の名前を名乗り、一番目の
　　人の名前を言い（Das ist...）、隣の人に名前を聞きます。三番目の人は、自分の名前を名乗り、
　　一番目、二番目の人の名前を言い、隣の人に名前を聞きます。
　　間違えずに最後までできるでしょうか？

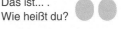 地名・国名

☐ Deutschland　☐ Österreich　☐ die Schweiz　☐ Liechtenstein　☐ Luxemburg
☐ die Niederlande　☐ Belgien　☐ Polen　☐ Tschechien　☐ Slowenien　☐ Russland
☐ Frankreich　☐ Italien　☐ Großbritannien　☐ Bremen　☐ Düsseldorf　☐ Köln
☐ Weimar　☐ Berlin　☐ Dresden　☐ Leipzig　☐ Nürnberg　☐ München
☐ Stuttgart　☐ Freiburg　☐ Zürich　☐ Wien　　　＊巻頭の地図で探してみましょう

1) パートナーとペアで、名前、出身、住んでいる場所、学んでいることを互いに質問し、答えを空欄に埋めていきましょう。

例

Wie heißt du?　　　　　　　　　　Ich heiße Mari.

	heißen	kommen	wohnen	lernen
ich				
Partner / Partnerin				

2) 次に、別のグループと合流し、それぞれのパートナーについて質問し、また自分のパートナーを紹介しましょう。

例

Wie heißt er?　　　　　　　　　　　　　　　　　　　　　　　　Er heißt Yuta.

	heißen	kommen	wohnen	lernen
Partner / Partnerin1				
Partner / Partnerin2				

コラム1 ドイツ語と英語の綴り

辞書で一番多い文字と少ない文字を調べてみましょう。S が一番多く、X が少なかったでしょうか。英語では多くの単語がある C ですが、ドイツ語ではほとんど C から始まる単語はありません。また、英語では K から始まる単語はほとんどありませんが、ドイツ語にはたくさんあります。ドイツ語と英語には似た単語がたくさんありますが、少し綴りが異なっています。clear と klar、year と Jahr のように、英語の c がドイツ語の k、英語の y がドイツ語の j と置き換わる単語は数多くあります。

◾ 次の文をドイツ語で書きましょう。

1. 彼はMichaelと言います。ハンブルクの出身(aus ... kommen)です。

2. MaiとAoiは京都に住んでいます(in ... wohnen)。

3. Stefanはベルリンに住んでいて、法学を専攻しています(studieren)。

4. 彼女は何を専攻していますか？
   ― 彼女は経営学(BWL)を専攻しています。

5. 君たちはどこの出身ですか？
   ― 私たちはミュンヘンから来ました。

6. Michaelと私はフランス語(Französisch)を学んでいます(lernen)。

7. 彼は何を仕事にしていますか(von Beruf sein)？
   ― 彼は学生です。

8. 君たちはドイツ語を習っていますか？
   ― いいえ、私たちは中国語(Chinesisch)を習っています。

9. ヴェーバーさんご夫妻(Herr und Frau Weber)、あなたたちはどこに住んでいますか？

10. 君たちは、お腹が空いた(Hunger haben)かい？
    ― ああ、僕らはお腹が空いたよ。

ミュンヘン　**München**

バイエルン王国の都が置かれたミュンヘンは現在もドイツで三番目の大都市です。中心部には美しい広場と風格ある市庁舎があり、広い緑地にも恵まれている住みやすい街です。市内のビアホールやビアガーデンでは、多くの人が名物のビールを楽しみます。

Lektion
03 Was isst du gern?

 Teil A Schlüsselsätze und Grammatik

Was isst du gern?

— Ich esse sehr gern Nudeln.

■ 不規則変化動詞 🎧23

sprechen, lesen, fahren, essenなどの動詞は、語幹の母音も変化します。これら不規則変化動詞には３つのパターンがあります。

	fahren	sehen	sprechen
ich	fahre	sehe	spreche
du	fährst	siehst	sprichst
er / sie / es	fährt	sieht	spricht
wir	fahren	sehen	sprechen
ihr	fahrt	seht	sprecht
sie / Sie	fahren	sehen	sprechen

そのほかの不規則変化動詞：ここで代表的なものをいくつか挙げておきます。

a→äのパターン

schlafen　眠る　　tragen　運ぶ、身につけている

e→ieのパターン

lesen　読む

e→iのパターン

essen　食べる　　nehmen　持つ　　helfen　助ける、役立つ

━━━━━━ 確 認 練 習 ━━━━━━

1）次の文の動詞を人称変化させ（　　）に入れなさい。
1. Wann (　　　　) er nach Tokyo?　　　　　　　　〔fahren〕
2. Sie (　　　) sehr gern Schokolade.　　　　　　〔essen〕
3. Michael (　　　) ein bisschen Japanisch.　　　〔sprechen〕
4. Wie viele Stunden (　　　　) du?　　　　　　　〔schlafen〕
5. Er (　　　) heute ein Fußballspiel im Fernsehen.　　〔sehen〕

2）次の語を入れ替えて文章を作りなさい。動詞は人称変化させること。
1. sehen / er / gern / Filme / .
2. sprechen / das Kind / sehr gut / Englisch / .
3. essen / gern/ Kartoffeln / du / ?

12

Sophia: Was isst du gern?

Takuya: Ich esse sehr gern **Nudeln**. Ich esse immer zu Mittag

Nudeln. Was isst du zu Mittag, Sophia?

Sophia: Heute esse ich **Salat und Wurst**. Und was trinkst du gern?

Takuya: Ich trinke gern **Kaffee**.

Sophia: Ach so. Ich trinke nicht so gern **Kaffee**. Ich trinke lieber

Tee.

ペアで話そう ・・

1）上の会話文をペアで音読しましょう。

2）太字部分（食べ物・飲み物）を入れ替えて、ペアで会話してみましょう。

食べ物・飲み物など

☐ Nudeln ☐ Pizza ☐ Kuchen ☐ Kartoffeln ☐ Wurst ☐ Salat ☐ Brot
☐ Fleisch ☐ Eis ☐ Fisch ☐ Kaffee ☐ Orangensaft ☐ Apfelsaft ☐ Bier
☐ Wein ☐ Milch ☐ Tee

1) ペアでお互いに好きなものについて話してみましょう。

例

	essen	trinken	hören	lernen	lesen
ich					
Partner / Partnerin					

2) 隣のグループと合流し、お互いのパートナーについて質問し、答えましょう。

例

文法メモ 1 📝 ドイツ語の辞書の引き方

辞書を引く際には、動詞は不定詞を、人称代名詞や形容詞など
は、変化していない元の形を探す必要があります。また、不規
則変化動詞は辞書の巻末にある変化表を見て人称変化を調べる
こともできます。

> **essen*** ［エッセン］*du/er* isst; aß,
> gegessen 動 **1** 食べる. ¶ Damals
> hatten wir nur wenig zu *essen*.
> 当時はほんのわずかしか食べるものがな
> かった. ／ Wer nicht arbeitet, soll
> auch nicht *essen*. 働かないもの
> は食べてはいけない. **2** 食事をする. ¶
> kalt（warm）*essen* 調理しない食
> 物をとる，ハム・チーズなどをパンにのせ
> て食べる（温かく調理した食事を取る）.
> ／ zu Mittag（zu Abend）*essen*
> 昼食（夕食）をとる.

■ 次の文をドイツ語で書きましょう。

1. 君たちは日本食(japanisch)が好き(gern)ですか？

2. 僕たちはラーメン(Ramen)をとても(sehr)好んで食べますよ。

3. 彼女はすでに(schon)寝ている。

4. エリアス(Elias)は明日(morgen)どこへ(wohin)行くのですか？

5. 彼は、ベルリンへ(nach Berlin)行きます。

6. 君は何を(was)見るのが好きですか？

7. 僕はテニスの試合(ein Tennisspiel)をテレビで(im Fernsehen)見るのが好きです。

8. ユーリア(Julia)は日本語を話しますか？

9. ええ、彼女はとても上手に日本語を話します。

10. エリアスは毎朝(jeden Morgen)公園を(um den Park)走る(laufen)。

ライプツィヒ　**Leipzig**

文豪ゲーテが青年時代を過ごした大学都市ライプツィヒは、古くから交通の要衝として栄えてきました。ナポレオン率いるフランスとドイツ・オーストリアなどの連合軍が戦った、諸国民戦争（1813年）を記念した、戦勝記念塔が立っています。

Lektion 04

Ich habe einen Bruder.

 Teil A **Schlüsselsätze und Grammatik**

Hast du Geschwister?

— Ja, ich habe einen Bruder.

◢ 格とは？

ドイツ語において格は非常に重要な概念です。

名詞や代名詞が文の中で果たす役割を格といいます。

1格：主語になります。日本語の「〜は」に相当します。

2格：所有、所属を表します。「〜の」に相当します。

3格：間接目的語。「〜に」に相当します。

4格：直接目的語。「〜を」に相当します。

＊日本語の「は、の、に、を」とドイツ語の格は常に一致するわけではありません。

＊4格目的語とともに使われる動詞：これらの動詞はつねに「何を」にあたる名詞・代名詞を伴って使われます。essen, haben, trinken, hören, kaufen, nehmen, besuchen, kennenなど。

◢ 定冠詞・不定冠詞と格変化

ドイツ語にも、英語と同じように、定冠詞（特定のものを指す）と不定冠詞（不特定のものや一つのものを指す）があります。

ドイツ語の冠詞は、後ろに来る名詞や格に応じて形が変化します。→格変化といいます。

	男性	中性	女性
1格	ein Mann	ein Kind	eine Frau
2格	eines Mann(e)s	eines Kind(e)s	einer Frau
3格	einem Mann	einem Kind	einer Frau
4格	einen Mann	ein Kind	eine Frau

	男性	中性	女性
1格	der Mann	das Kind	die Frau
2格	des Mann(e)s	des Kind(e)s	der Frau
3格	dem Mann	dem Kind	der Frau
4格	den Mann	das Kind	die Frau

＊男性名詞・中性名詞の2格は、語尾に(e)sがつきます。

確 認 練 習

次の（　　）に当てはまる定冠詞、不定冠詞を補いましょう。（r：男性名詞、s：中性名詞、e：女性名詞）

1. （　　　）Student heißt Takeshi.　　　　　　その学生（r）はたけしといいます。
2. Die Tasche（　　　）Lehrers ist schwer.　　先生（r）のカバンは重い。
3. Ich schenke（　　　）Mädchen（　　　）Blume. 私はその女の子（s）に花（e）を一つあげます。

Elias:	Was kaufst du, Midori?
Midori:	Ich kaufe **ein T-Shirt**. Das ist ein Geschenk für meinen Vater.
Elias:	Hast du Geschwister?
Midori:	Ja, ich habe **einen Bruder**. **Er** ist **noch Schüler**. Und, du? Hast du auch **einen Bruder**?
Elias:	Nein, aber ich habe **eine Schwester**. **Sie** ist **Angestellte**.

ペアで話そう ‥‥‥

1）パートナーと交代で読む練習をしましょう。

2）太字部分（おみやげになりそうなもの、職業名など）を入れ替えて、自分のことを話してみましょう。

職業

☐ *r* Angestellter / *e* Angestellte　☐ *r* Lehrer / *e* Lehrerin　☐ *r* Beamter / *e* Beamtin
☐ *r* Polizist / *e* Polizistin　☐ *r* Mönch / *e* Nonne　☐ *r* Unternehmer / *e* Unternehmerin
☐ *r* Student / *e* Studentin　☐ *r* Schüler / *e* Schülerin　☐ *r* Verkäufer / *e* Verkäuferin
☐ *r* Arzt / *e* Ärztin　☐ *r* Rechtsanwalt / *e* Rechtsanwältin　☐ *r* Professor / *e* Professorin

1) MidoriとSophiaは何を食べ、何を買い、何を持っているかを質問する文と答えの文を作りましょう。

例
Was isst Midori?　　　　　　　　Sie isst ein Brot.

	essen	kaufen	haben
Midori	*s* Brot	*e* Tasche	*s* Smartphone
Sophia	*r* Apfel	*e* Uhr	*r* Computer

2) あなたは何を食べ、何を買い、何を持っていますか？　自分のことを書き出し、パートナーと互いに質問してみましょう。

	essen	kaufen	haben
ich			
Partner / Partnerin			

3) 上で挙げたものは、どんなものですか？　さらに質問してみましょう。

例
Ist das Brot lecker?　　　　　　　Ja, es ist sehr lecker.

＊ドイツ語では、すでにでてきた名詞をその性に応じた人称代名詞で言い換えることができます。

物の様子を説明する－形容詞

| lecker | teuer | billig | groß | klein |
| preiswert | modern | alt | leicht | schwer |

コラム2 名詞の性はどう決まる？

ドイツ語には３つの名詞の性があります。人の性別や動物のオスメスに基づく性の区別はわかりやすいのですが、明らかに性別とは関係なさそうな事物（例えば太陽 Sonne は女性名詞、山 Berg は男性名詞、本 Buch は中性名詞など）については、どのように性が決められているのでしょうか？
名詞の性はすでに存在するほかの名詞からの類推で決まります。たとえば、DVD や Blu-Ray Disc は女性名詞ですが、これはレコード Schallplatte が女性名詞だからです。一般に、花や木の名前は女性名詞、外来語は中性名詞、er で終わる機械や道具の名前(CD-Spieler、Computer, Weckerなど）は男性名詞が多いという傾向にあります。

⬛ 次の文をドイツ語で書きましょう。

1. その女子学生(*e* Studentin)はゾフィア(Sophia)といいます(heißen)。

2. 彼女には妹(*e* Schwester)が一人、弟(*r* Bruder)が一人います(haben)。

3. その先生(*r* Lehrer)は、その学生に一通のメール(*e* Mail)を書きます。

4. 私はそのコンピュータ(*r* Computer)を買います(kaufen)。

5. 彼はその先生に感謝しています(danken)。

6. その子供たちはサッカー(Fußball)をしています(spielen)。

7. その父親は娘たちにチョコレート(Schokolade)を買う。

8. 君はこのカバン(*e* Tasche)を買いますか?

9. いいえ、私はこのカバンを買いません。

10. その学生(*r* Student)の父親は、息子に一台の車(*s* Auto)を買う。

📝 **文法メモ2** 📔 名詞の複数形

名詞の複数形は、辞書の見出しに載っています。
名詞の複数形には5つのパターンがあります。
der Lehrer- die Lehrer / das Heft - die Hefte
/ das Kind - die Kinder / die Frau - die Frauen
/ das Auto - die Autos

> **Buch** [ブーフ] 中-[e]s/Bücher [ビューヒャァ] 本;帳簿.¶Freiwillig hat er noch nie ein *Buch* gelesen. 彼は自分の意志で本を読んだことが一度とない. / Die ganze Zeit saß er über seinen *Büchern*. 彼はその~~閉ざ……本に読ん……~~

◆複数形の定冠詞:男性名詞でも女性名詞でも複数形になると同じ定冠詞がつきます。

1格	2格	3格	4格
die Brüder	der Brüder	den Brüdern	die Brüder

＊複数形の3格は、名詞の後ろにnがつきます(1格でnがつく場合、Blumenなどやsで終わる場合Autosなどにはつけません)。

◆男性弱変化名詞:男性名詞の中には、単数1格以外の語尾が変化する(語尾[e]nがつく)名詞があります。

1格	der Student	der Junge	der Polizist
2格	des Studenten	des Jungen	des Polizisten
3格	dem Studenten	dem Jungen	dem Polizisten
4格	den Studenten	den Jungen	den Polizisten

05

Kannst du Klavier spielen?

解説

Teil A Schlüsselsätze und Grammatik

Kannst du Klavier spielen?

— Ja, ich kann sehr gut Klavier spielen.

■ 話法の助動詞 29

他の動詞とともに用いられ、～できる、～したい、～しなければならない、などの意味になるのが、話法の助動詞です。

＊話法の助動詞を含む文の作り方

Ich **kann** Klavier spielen.	私はピアノが弾けます。
Ich **möchte** eine Banane essen.	私はバナナが食べたい。
Kann sie Gitarre spielen?	彼女はギターが弾けますか？
Was **möchtest** du trinken?	君は何を飲みたい？

助動詞は2番目に置かれ、人称変化し、もう一つの動詞（本動詞）は不定詞（元の形）で文末に置きます。決定疑問文(ja / neinで答える)のときは助動詞が文頭に、疑問詞を含む疑問文では、疑問詞→助動詞の順になります。

＊話法の助動詞の種類と人称変化：動詞とは少し変化のパターンが異なります。

	können ～できる	**sollen** ～すべきだ	**müssen** ～ねばならない	**dürfen** ～してもよい	**mögen** ～かもしれない、 ～を好む	**wollen** ～つもりだ	**möchte** ～したい
ich	kann	soll	muss	darf	mag	will	möchte
du	kannst	sollst	musst	darfst	magst	willst	möchtest
er / sie / es	kann	soll	muss	darf	mag	will	möchte
wir	können	sollen	müssen	dürfen	mögen	wollen	möchten
ihr	könnt	sollt	müsst	dürft	mögt	wollt	möchtet
sie / Sie	können	sollen	müssen	dürfen	mögen	wollen	möchten

確認練習

次の（　）に当てはまる助動詞を書き入れましょう。

1. Er (　　　) ein bisschen Deutsch sprechen.　彼は少しドイツ語が話せる。
2. Heute (　　　) ich zu Hause bleiben.　今日私は家にいなければならない。
3. Wohin (　　　) du fahren?　君はどこに行こうとしてるの？
4. (　　　) ich hier parken?　ここに車を停めていいですか？
5. Er (　　　) gleich zu mir kommen.　彼にすぐ私のところへ来てもらいたい。

Sophia: Takuya, was willst du am Sonntag machen?

Takuya: Hallo, Sophia. Ich will **Klavier spielen**.

Sophia: Ach so. Kannst du gut **Klavier spielen**?

Takuya: Ja, ich kann sehr gut **Klavier spielen**. Ich mag Klavier spielen sehr gern. Das macht mir viel Spaß! Und, du? Was willst du am Wochenende machen?

Sophia: Ich **muss** am Wochenende **zu Hause bleiben**.

Takuya: Warum?

Sophia: Am nächsten Montag habe ich eine Prüfung. Ich muss also viel lernen.

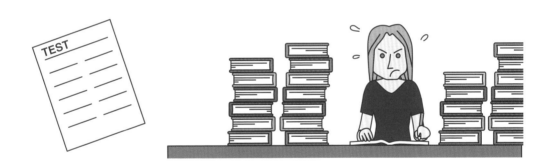

ペアで話そう ••

1) 上の会話文をペアで音読しましょう。

2) 太字部分（趣味やアルバイトなど）を入れ替えて、会話をしてみましょう。

勉強や趣味、アルバイトなどの活動

☐ im Restaurant jobben ☐ arbeiten ☐ Deutsch lernen ☐ ein Referat schreiben
☐ eine Hausaufgabe machen ☐ Lebensmittel kaufen ☐ einkaufen gehen
☐ einen Freund / eine Freundin treffen ☐ ins Café gehen
☐ in die Bibliothek gehen

1) それぞれの人物が何をしたいか、あるいは何をしなければならないかを質問する文と答えの文を作りましょう。

例　Was möchte
Elias machen?

Er möchte ins
Kino gehen.

wer	möchte	müssen
Elias	ins Kino gehen	Hausarbeit schreiben
Sophia	nach Osaka fahren	zu Hause bleiben
Midori	Tennis spielen	den Onkel besuchen
Takuya	Karaoke singen	im Restaurant jobben

2) 上の表を参考に、あなたのしたいこと、しなければならないことを書き出し、パートナーと互いに質問してみましょう。（前ページの語彙を参考に）

möchte	müssen

フランクフルト　**Frankfurt**

日本との直行便が発着するドイツの玄関口フランクフルトは、古くから商業・金融の中心地でした。文豪ゲーテが生まれた町でもあります。

🔳 次の文をドイツ語で書きましょう。

1. 私たちは明日家にいなければなりません。

2. 私はお昼に(zu Mittag)中華料理(chinesisch)が食べたい。

3. 私は何を(was)したらいいでしょうか？

4. エリアスは宿題(Hausaufgaben)をしなければならない。

5. 私はすぐに(gleich)家に帰って(nach Hause gehen)もいいでしょうか？

6. その少年(r Junge)はスペイン語(Spanisch)が話せる。

7. 彼は週末(am Wochenende)どこに行くつもりなんだい？

8. 彼は名古屋に行くつもりです。

9. 君たち、土曜日は(am Samstag)何をするつもりですか？

10. 僕たちは野球をする(Baseball spielen)つもりだよ。

ドレスデン　**Dresden**

エルベ川に面したドイツ東部の都市ドレスデンは、かつてザク
セン王国の都として栄えました。第二次世界大戦で、旧市街は
壊滅的な被害を受けたものの、現在は美しく再建されています。

Mein Vater ist Ingenieur.

  解説

 Teil A Schlüsselsätze und Grammatik

Was macht dein Vater beruflich?

— Mein Vater ist Ingenieur.

■ 所有冠詞と否定冠詞 🎧32

名詞の前に置かれ、「～のもの」を表すのが所有冠詞です。また、名詞を否定する時に用いられるのが、否定冠詞です。両者は不定冠詞とよく似た変化をするので、不定冠詞類と呼ばれます。

所有冠詞の種類：所有冠詞は人称代名詞ごとに種類が異なります。

一人称	二人称	三人称	二人称敬称
私の mein	君の dein	彼の sein・彼女の ihr・それの sein	あなたの Ihr
私たちの unser	君たちの euer	彼らの ihr	あなたたちの Ihr

所有冠詞の格変化：mein の場合

	男性	中性	女性	複数
1格	mein Bruder	mein Kind	meine Schwester	meine Kinder
2格	meines Bruders	meines Kind(e)s	meiner Schwester	meiner Kinder
3格	meinem Bruder	meinem Kind	meiner Schwester	meinen Kindern
4格	meinen Bruder	mein Kind	meine Schwester	meine Kinder

否定冠詞の格変化

	男性	中性	女性	複数
1格	kein Hunger	kein Geld	keine Zeit	keine Kinder
2格	keines Hungers	keines Geld(e)s	keiner Zeit	keiner Kinder
3格	keinem Hunger	keinem Geld	keiner Zeit	keinen Kindern
4格	keinen Hunger	kein Geld	keine Zeit	keine Kinder

＊語尾の変化は所有冠詞と同じです。

否定冠詞は、不定冠詞がついた名詞、無冠詞の名詞を否定する時に使います。

例：Heute habe ich kein Geld dabei. 今日私はお金を持っていません。

————————————— 確認練習 —————————————

次の（　）に当てはまる所有冠詞・否定冠詞を補いましょう。

1. Ich gebe (　　　) Vater eine Krawatte.　僕は父にネクタイをあげる。
2. Hast du heute Zeit? — Nein, ich habe leider (　　　) Zeit.
   今日は時間はある？―いいや、残念だけど今日は時間がないよ。
3. Was ist (　　　) Bruder von Beruf? — Er ist Angestellter.
   君のお兄さんはどんな仕事をしているの？―彼は会社員だよ。
4. Wo wohnen (　　　) Eltern?　　　　彼らの両親はどこに住んでいるの？

Sophia:	Morgen kommt **meine Mutter** aus Berlin.
Takuya:	Ach so! Was ist **deine Mutter** von Beruf?
Sophia:	**Sie** ist **Professorin für Wirtschaft**.
Takuya:	Wirklich? Und was macht **dein Vater**?
Sophia:	Er arbeitet als **Ingenieur bei einem Autohersteller**. Aber er wohnt allein in den USA.
Takuya:	Telefonierst du manchmal mit deinem Vater?
Sophia:	Ja, natürlich. Und ich schicke ihm immer Mails.

ペアで話そう ●●

1）上の会話文をペアで音読しましょう。

2）太字部分（家族の名称、職業）を入れ替えて、会話をしてみましょう。

家 族

- ☐ *r* Großvater ☐ *e* Großmutter ☐ *pl.* Eltern ☐ *pl.* Großeltern
- ☐ *r* Vater ☐ *e* Mutter ☐ *r* Onkel ☐ *e* Tante
- ☐ *r* Bruder ☐ *e* Schwester ☐ *e* Cousine ☐ *r* Cousin
- ☐ *r* Sohn ☐ *e* Tochter ☐ *s* Kind ☐ *r* Neffe ☐ *e* Nichte
- ☐ *r* Enkelsohn ☐ *e* Enkeltochter ☐ *s* Enkelkind

1) Midoriは誰に何を贈りますか？　下の表を見て、質問の文と答えの文を作りましょう。

例 　Was schenkt Midori　　　Sie schenkt ihrem
　　ihrem Bruder?　　　　　Bruder ein T-Shirt.

wer	was
Bruder	*s* T-Shirt
Mutter	*r* Rock
Vater	*e* CD
Cousine	*e* Tasche
Großvater	*r* Hut

2) あなたは誰に何を贈りますか？　下の表に書き出し、パートナーと互いに質問してみましょう。

wer	was

コラム3 ドイツの音楽

ドイツの音楽といえば、バッハやベートーヴェンが有名ですが、人気があるのは、クラシックだけではありません。ヒップホップやロックも日本と同様、人気です。ヨーロッパで毎年開催されるユーロビジョンソングコンテストで高評価を得た、ギルド・ホーンやレナ・マイヤー＝ラントルートがいます。また、ビアホールやワイン祭りなどでは、シュラーガーと呼ばれるフォークソングや懐メロが人気で、若者も老人もみんなで大合唱をします。

■ 次の文をドイツ語で書きましょう。

1. 君たちはどこに行くの？―僕たちの先生(*r* Professor)のところへ行く(besuchen)んだよ。

2. 君はお腹は空いていますか(Hunger haben)？―いいえ、お腹は空いていません。

3. 彼のお姉さんは何を仕事にしていますか(beruflich machen)？
 ―彼女は看護師(Krankenpflegerin)をしています。

4. あなたたちの両親はどこに住んでいますか？―私たちの親は、仙台に住んでいます。

5. この車は誰の(wem)ものですか(gehören+３格)？―その車は彼の弟のものだよ。

6. 君は兄弟(Geschwister)はいますか？
 ―いいえ、いません(haben と kein を使う)。一人っ子(ein Einzelkind)です。

7. 彼の妹は彼の弟に、一通のメールを書きます。

8. 私たちは、私たちの両親に感謝(danken+３格)している。

9. 彼女は叔母に一束の花束(Blumenstrauß)を贈る。

10. 彼は彼の祖父を手伝う(helfen+３格)。

文法メモ３ 📝 所有冠詞と２格の違い

「～の」、つまり所有や所属を表すのが、所有冠詞や２格です。使い方が違うので例文を見て、区別を理解しましょう。

Das Auto **des Lehrers** ist alt. その先生の車は古い。（２格）
Das ist **meine Uhr**. それは私の時計だ。（所有冠詞）

私のお父さんに、私は本を一冊贈ります。
Ich schenke **meinem Vater** ein Buch.
＊私のお父さん＝mein Vater はここでは３格になるので、meinem Vater と語尾が変化します。

私の父は、祖父の車を私にくれる。
Mein Vater gibt mir das Auto **meines Großvaters**.
＊車は geben の目的語なので４格、私の祖父は２格で後ろにくっつきます。

Wie findest du diese Krawatte?

 34 解説

 Teil A **Schlüsselsätze und Grammatik**

Wie findest du diese Krawatte?

— Ich finde sie sehr schick.

■ 定冠詞類 🎧 35

名詞の前に置かれ、定冠詞と同じように変化するのが定冠詞類です。dieser（この），jener（あの），jeder（各々の），aller（全ての），welcher（どの）などの種類があります。

定冠詞類の格変化

	男性	中性	女性	複数
1格	dieser Kuli	dieses Heft	diese Uhr	diese Bücher
2格	dieses Kulis	dieses Heft(e)s	dieser Uhr	dieser Bücher
3格	diesem Kuli	diesem Heft	dieser Uhr	diesen Büchern
4格	diesen Kuli	dieses Heft	diese Uhr	diese Bücher

■ 人称代名詞の３・４格 🎧 36

普通の名詞と同様に、人称代名詞にも３・４格の形があります（人称代名詞の２格は今日ほとんど使われません）。

	私	君	彼	それ	彼女	私たち	君たち	彼ら	あなた(たち)
1格	ich	du	er	es	sie	wir	ihr	sie	Sie
3格	mir	dir	ihm	ihm	ihr	uns	euch	ihnen	Ihnen
4格	mich	dich	ihn	es	sie	uns	euch	sie	Sie

＊人称代名詞は、人だけでなく、物を言い換える時にも使います。

Wie findest du diese Uhr?　君はこの時計をどう思う？

—Ich finde <u>sie</u> zu teuer.　私は<u>それは</u>高すぎると思う。

＊日本語では「それ」と訳していますが、Uhrが女性名詞なのでsieで言い換えています。

確認練習

1)　次の（　　）に当てはまる定冠詞類を補いましょう。

1. Ich kaufe meiner Mutter（　　　）Buch.　私は母にこの本を買う。
2. （　　　）Computer kaufst du?　　　どのコンピュータを君は買うの？
3. （　　　）Tag isst er ein Ei zum Frühstück.　彼は毎日、朝食に卵を一個食べる。

2)　次の（　　）に当てはまる人称代名詞を補いましょう。

1. Sie schenkt（　　　）eine Krawatte.　　彼女は私にネクタイを贈る。
2. Siehst du den Film? — Ja, ich sehe（　　　）.　その映画を見た？—うん、見たよ。
3. Wie geht es（　　　）? — Danke, sehr gut.　お元気ですか？—ええ、元気ですよ。

Midori:	Morgen hat **mein Vater** Geburtstag. Ich suche ein Geschenk.
Elias:	Was willst du **ihm** schenken?
Midori:	Ich weiß noch nicht. **Er** ist **Angestellter**. Deswegen trägt **er** jeden Tag einen Anzug.
Elias:	Vielleicht **eine Krawatte**?
Midori:	Gute Idee. **Welche Krawatte** soll ich nehmen?
Elias:	Wie findest du **diese Krawatte** hier? Ich finde **sie** sehr schick.
Midori:	Hm... **Diese Krawatte** gefällt mir nicht so gut.

ペアで話そう ・・

1）上の会話文をペアで音読しましょう。

2）太字部分（誰か、着る物、身の回りのもの）を入れ替えて、会話をしてみましょう。

身の回りのもの、服など

☐ *e* Krawatte   ☐ *e* Kamera   ☐ *r* Hut   ☐ *r* Mantel   ☐ *r* Computer
☐ *r* Kuli   ☐ *s* Kleid   ☐ *s* T-Shirt   ☐ *e* Handschuhe(*pl.*)   ☐ *e* Ohrringe(*pl.*)
☐ *e* Halskette   ☐ *e* Uhr   ☐ *s* Handy   ☐ *e* DVD   ☐ *s* Heft
☐ *s* Buch   ☐ *r* Blumenstrauß

1) Eliasは何を誰にどうするのでしょうか？
   表を見ながら、質問の文と答えの文を作ってみましょう。

例　Was schenkt Elias seiner Mutter?　　Er schenkt ihr diesen Blumenstrauß.

was 何を	wem 誰に	wie どうする
Blumenstrauß	seine Mutter	schenken
Tasche	sein Bruder	geben
Buch	Sophia	kaufen
Brief	Felix	schicken

2) あなたは何を誰にどうしますか？　下の表に記入し、パートナーと互いに質問をしてみましょう。

was	wem	wie

シュトゥットガルト　**Stuttgart**

　文豪フリードリヒ・シラーが育った町、シュトゥットガルトは、自動車産業の町であると同時に、住みやすい美しい都市として人気があります。中心部にはヴュルテンベルク王国の首都だった当時を偲ばせる美しい庭園があります。

次の文をドイツ語で書きましょう。

1. どの車(*s* Auto)があなたのものですか(gehören+３格)？

2. この車が僕の車です。

3. 君はどのコンピュータ(*r* Computer)を彼女に薦める(empfehlen)の？
   —僕はこのコンピュータを彼女に薦めるよ。

4. どの子供も上手に歌っている(singen)。

5. このケーキ(*r* Kuchen)をどう思う？—僕はこのケーキは美味しい(lecker)と思うよ。

6. どの学生(*r* Student)に君はその本をあげるの？—僕はこの本をこの学生にあげるよ。

7. どの先生(*r* Professor)がドイツ語を教えている(lehren)の？
   —この先生が私にドイツ語を教えています。

8. 毎週月曜日(*r* Montag: ４格で)にドイツ語（の授業）がある(haben)。

9. あの教会(*e* Kirche)をあなたは知っています(kennen)か？

10. 全ての人(*pl.* Leute)がその教会(*e* Kirche)を訪れます。

会話メモ　物の値段をどう言うか？

Wie viel kostet das? — Das kostet 4,59 Euro.

それはいくらですか？—それは4.59ユーロです。

＊この場合、金額はvier Euro neunundfünfzig と読みます。また、0,79Euro の場合は、
　neunundsiebzig Cent と読みます。

＊以下の品物について、値段を質問し、答えてみましょう。
　1 Apfel: 1,35 Euro　　　3 Orangen: 3,21 Euro　　　10 Eier: 5,36 Euro
　1 Joghurt: 0,75 Euro

08 Ich komme mit dem Zug zur Uni.

 38 解説

 Teil A **Schlüsselsätze und Grammatik**

Wie kommst du zur Uni?

— Ich komme mit dem Zug zur Uni.

◾ 前置詞の格支配 39

ドイツ語にも英語と同様に、さまざまな意味を持つ前置詞があります。ドイツ語の前置詞の特徴として、うしろに決まった格の名詞・代名詞がつづくという性質（格支配）があります。

2格支配の前置詞	**während** ～のあいだに、**statt** ～のかわりに、**wegen** ～のために、 **trotz** ～にもかかわらず
3格支配の前置詞	**aus** ～から、**bei** ～のもとで、**seit** ～以来、**von** ～から（～について）、 **mit** ～とともに、**nach** ～へ（～のあとで）、**zu** ～へ
4格支配の前置詞	**durch** ～を通って、**für** ～のため、**gegen** ～に逆らって、**ohne** ～なしで、 **um** ～の周りを
3・4格支配の前置詞	**an** ～に接して、**auf** ～の上に、**hinter** ～の後ろに、**in** ～の中に、 **neben** ～の傍に、**über** ～の上の方に、**unter** ～の下に、**vor** ～の前に、 **zwischen** ～と～の間に

一定の場所や状態を示す時は3格支配、動作の方向を示す時は4格支配になります。

　Ich lerne in der Bibliothek.　私は図書館で勉強します。（女性名詞3格）

　Ich gehe in die Kirche.　　　私は教会に行きます。（女性名詞4格）

◾ 前置詞と定冠詞の融合形

いくつかの前置詞と定冠詞は、融合して一つの語になります。

an+das=**ans**, an+dem=**am**, in+das=**ins**, in+dem=**im**, von+dem=**vom**, zu+dem=**zum**, zu+der=**zur** などの種類があります。

確認練習

次の（　　）にあてはまる前置詞を補いましょう。

1. Ich fliege (　　　　) dem Flugzeug (　　　　) Paris.　私は飛行機でパリへ行く。
2. Ist der Bahnhof (　　　) dem Krankenhaus?　　　駅は病院の後ろですか？
3. Nein, er ist (　　　) dem Supermarkt und (　　　　) der Post.
　　　　　　　　　　　　　　　　　　　いいえ、スーパーのとなりで、郵便局の前ですよ。

Midori:	Was machst du heute nach dem Unterricht?
Elias:	Ich **gehe** heute Abend **ins Kino**. Hast du Lust, mitzukommen?
Midori:	Ja, natürlich! Wie kommen wir **ins Kino**? Mit **dem Zug,** oder?
Elias:	Nein, wir fahren zuerst **mit dem Bus** und dann **mit der U-Bahn**.
Midori:	Ach so. Dann treffen wir uns um 6 Uhr **vor der Bibliothek**.
Elias:	Alles klar, bis dann!
Midori:	Tschüss!

ペアで話そう ●●

1）上の会話文をペアで音読しましょう。

2）太字部分（施設、交通手段など）を入れ替えて、会話をしてみましょう。

公共の施設、街にあるもの

☐ r Park　☐ s Kino　☐ e Apotheke　☐ e Bank　☐ s Café　☐ e Universität
☐ e Schule　☐ s Rathaus　☐ s Kaufhaus　☐ s Restaurant　☐ s Krankenhaus
☐ e Bäckerei　☐ e Buchhandlung　☐ e Kirche　☐ e Bank　☐ e Post　☐ r Parkplatz

交通手段についての単語

☐ r Bus　☐ e U-Bahn　☐ r Zug　☐ s Motorrad　☐ e Straßenbahn　☐ s Taxi
☐ s Auto　☐ s Fahrrad　☐ s Schiff　☐ s Flugzeug　☐ zu Fuß

1) 前ページの語群を参考に、どこに何があるか質問する文と答えの文を作ってみましょう。

例

Wo ist der Bahnhof?   Der Bahnhof ist vor
                                        dem Kaufhaus.

2) 大学までどうやって来ていますか？　どのくらい時間がかかりますか？
　　前ページの語群を参考に、互いにインタビューをしてみましょう。

A: Wie kommst du zur Uni?
B: Ich komme mit dem Fahrrad zur Uni.
A: Und wie lange dauert es?
B: Es dauert etwa 20 Minuten.

コラム4 ドイツ語圏の名前

ドイツ人の名前は、他の西洋文化圏と同様に、キリスト教の聖人の名前にちなんでつけられることが多くあります。しかし、日本の名付けのように、流行りの名前もあります。beliebte-Vornamen.de などのサイトを見ると、年ごとの人気ランキングを見ることができます。近年では、男子は Ben, Finn, Alex, Elias, Felix、女子は Emma, Lena, Mia, Sofia, Hanna など、他の言語圏でも呼びやすい名前が好まれています。日本と大きく異なるのは、一度流行が終わった名前でも、数十年後に再び人気を取り戻すことがあるという点です。たとえば、Alexander という名前は、昔からありましたが第二次世界大戦ごろはあまり人気がなく、1970年代から人気上位に入るようになりました。

次の文をドイツ語で書きましょう。

1. 明日私は友人 (*e* Freundin) と湖 (*r* See) に行きます。

2. 君はいまどこに (wo) いるの？―僕はいま図書館 (*e* Bibliothek) の前にいるよ。

3. 雨 (*r* Regen) にもかかわらず彼は自転車 (*s* Fahrrad) で大学に来る。

4. 夏 (*r* Sommer) の間、彼女は叔母のもとに住む。

5. 彼は試験 (*e* Prüfung) のためにドイツ語をたくさん (viel) 学ぶ (lernen)。

6. 彼の兄は、ある銀行 (*e* Bank) で働いている。

7. その駅 (*r* Bahnhof) は、病院 (*s* Krankenhaus) と公園 (*r* Park) の間にある。

8. 日曜日に僕たちはバス (*r* Bus) で街 (*e* Stadt) へ行きます。

9. 君は夏休み (*pl.* Sommerferien) にはどこへ行くの？

10. 僕は飛行機 (*s* Flugzeug) でドイツへ行きます。

文法メモ4 📝 動詞と前置詞の格支配

Lektion4の格支配についての説明のなかで、1格＝「～は」、2格＝「～の」、3格＝「～に」、4格＝「～を」に相当すると書きました。しかし、前置詞の格支配は、少し考え方が異なります。「～に」＝3格、「～を」＝4格といった意味に関係なく、前置詞の種類ごとに後ろにくる名詞・代名詞の格が決まっていると理解しましょう。

紛らわしい前置詞の区別

◆あいだに

während ＝時間的な間	Während des Sommers war ich im Gebirge.	
	夏の間ぼくは山にいた。	
zwischen ＝空間的な間	Zwischen der Post und dem Bahnhof liegt der Park.	
	郵便局と駅の間にその公園がある。	

◆～へ（行き先）

nach ＝具体的な場所がつづく		Ich fahre nach Tokyo.
zu ＝公共の場所、人のところなど		Ich gehe zu meinem Onkel.
in ＝建物、街など中に入ることが前提となる場所		Ich gehe ins Theater.

Wann fährt der Zug ab?

Wann fährt der Zug ab?

— Der Zug fährt um 9.30 Uhr ab.

■ 分離動詞

アクセントのある前綴りと、**基礎動詞**からなるのが分離動詞です。文中では、基礎動詞が人称変化し、前綴りは文末に置かれます。

aufstehen＝auf|stehen, ankommen=an|kommen, abfahren= ab|fahren

■ 分離動詞を含む文の作り方

Ich stehe um 7 Uhr auf.	私は７時に起きます。
Der Zug kommt um 8.20 Uhr an.	その列車は８時20分に到着する。
Wann fährt er nach Berlin ab?	彼は何時にベルリンへ発ちますか？
Rufst du mich heute an?	今日君は電話をかけてくる？

■ 話法の助動詞を含む文の場合

助動詞が二番目、分離動詞は普通の動詞と同じように文末に不定詞で置かれます。

Ich muss morgen um 7 Uhr aufstehen.　私は明日７時に起きないといけない。

分離動詞の前綴り：ab-, an-, auf-, aus-, bei-, ein-, mit-, vor-, zu-, zurück- など様々な種類があり、同じ前綴りをもつ分離動詞は似たような意味になります。

例 mitkommen いっしょに来る　mitbringen 持ってくる・連れてくる
　　mitnehmen 持って行く・連れて行く

■ 非分離動詞

分離動詞のように前綴りを持つ動詞でも、次の前綴りから始まるものは、分離しない動詞、**非分離動詞**といいます。 be-, er-, ge-, ent-, ver-, zer-, emp-, miss- など

確認練習

次の文の動詞を適切な形にして空欄に入れましょう。
1. Wann (　　　　) der Bus nach Nagoya (　　　　)?　　〔abfahren〕
2. Er (　　　) um 10 Uhr an einem Seminar (　　　　). 〔teilnehmen〕
3. (　　　) ihr morgen etwas (　　　)?　　　〔vorhaben〕
4. Sie (　　　) um 11.00 Uhr nach Hause (　　　). 〔zurückkommen〕
5. Am Abend (　　　) er sie (　　　).　　　　〔anrufen〕

Midori:	Was hast du am Wochenende vor?
Elias:	Ich habe noch nichts vor.
Midori:	Wollen wir **mit dem Zug an den See** fahren!
Elias:	Ja, gern! Und wann fährt der Zug ab?
Midori:	Der Zug fährt **um 9.30 Uhr** ab.
Elias:	Dann muss ich an Wochenende früh aufstehen.
Midori:	Genau. Du musst spätestens um 8 Uhr aufstehen.

╭─ ペアで話そう ─╮ ···

1) 上の会話文をペアで音読しましょう。

2) 太字部分（時間表現）を入れ替えて、会話をしてみましょう。

╭─ 時を表すことば ─╮

☐ am Morgen ☐ am Vormittag ☐ am Abend ☐ am Samstag ☐ am Sonntag
☐ am Wochenende ☐ morgen ☐ gestern ☐ jeden Tag ☐ jede Woche

1) Alexがいつどんなことをしたのか、表を見ながら質問の文、答えの文を作ってみましょう。

例

Wann steht Alex auf?　　　Er steht um halb sieben auf.

	Alex	ich	Partner / Partnerin
aufstehen	6:30		
frühstücken	7:15		
an der Uni ankommen	8:40		
am Seminar teilnehmen	10:30		
nach Hause gehen	16:45		
ins Bett gehen	23:00		

2) あなたの行動した時間を表に記入し、パートナーにも質問してみましょう。

時刻の表現

何時ですか？　Wie spät ist es?

〜時です＝Es ist 〜 Uhr　　〜時に＝um 〜 Uhr

〜時…分です＝〜Uhr…（→通常「…分」は、数字のみで答えます）

例：9時20分＝neun Uhr zwanzig

◆隣の人に「今何時？」とたずねましょう。聞かれたら「〜時です」と答えましょう。

ドイツ語独特の表現

〜時半＝halb…　　　　　　例：5時半＝halb sechs（→「半分6時」という言い方になります）

〜時15分＝Viertel nach…　例：3時15分＝Viertel nach drei

〜時45分＝Viertel vor…　　例：2時45分＝Viertel vor drei（「3時の15分前」ということ）

5分前＝fünf vor…　　〜時5分＝fünf nach…

◻ 次の文をドイツ語で書きましょう。

1. その電車は何時に東京に到着しますか？

2. あなたはここで(hier)バスから降りなければ(aussteigen)なりません。

3. いつ君はベルリンへ発つ(abfahren)の？

4. 彼女は夜遅くに(am späten Abend)家に帰ってくる(zurückkommen)。

5. 彼は今日の午後に(heute Nachmittag)ゼミ(s Seminar)に参加する(an+3格 teilnehmen)。

6. 君たちは、週末には何か予定がある？

7. エリアスは夜に(am Abend)テレビを見る(fernsehen)。

8. ミドリは明日は6時に(um sechs Uhr)起きなければならない。

9. 君も一緒に来れます(mitkommen)か？

10. フェリックスはワインを一本(eine Flasche Wein)持って来る(mitbringen)。

ネルトリンゲン　**Nördlingen**
バイエルン北西部にあるネルトリンゲンは、中世以来の市壁に
旧市街が丸く囲まれています。旧市街にはおとぎ話の世界のよ
うに古く美しい街並みが残っています。

Lektion 10

Was hast du in den Ferien gemacht?

 Teil A Schlüsselsätze und Grammatik

Was hast du in den Ferien gemacht?

— Ich bin nach Wien gefahren.

◢ 動詞の三基本形

動詞には不定詞・過去基本形・過去分詞の三つの形があります。過去基本形は物語などで過去を表す時に使い、過去分詞は現在完了形や受動態を作る時に使います。

1）**過去基本形**：規則変化動詞の場合 　　語幹＋te

　　　　　　　　wohnen→wohnte, studieren→studierte

　　　　　　　　不規則変化動詞の場合　変化表や辞書で確認

　　　　　　　　gehen→ging, kommen→kam

2）**過去分詞**：規則的なもの　ge＋語幹+t　spielen→gespielt, lernen→gelernt

　　　　　　　不規則なもの　　　　　　gehen→gegangen, kommen→gekommen

＊分離動詞の場合　　過去形 stand...auf、rief...an　過去分詞 aufgestanden、angerufen

＊非分離動詞の場合　過去形 verstand, besuchte　　過去分詞 verstanden, besucht

◢ 現在完了形

主に会話などで用いられる過去の表現は現在完了形です。完了の助動詞（haben / sein）と過去分詞を使います。

＊完了の助動詞の種類：自動詞で場所の移動（来る、行く）や状態の変化（起きる、寝る、死ぬなど）を表すものはseinを助動詞とする（sein支配）、それ以外はhabenを助動詞とする（haben支配）。

◢ 現在完了形の文の作り方 🎧46

Ich habe heute ein Buch gelesen. （平叙文）

Gestern hat das Konzert stattgefunden. （分離動詞の場合）

Bist du heute zur Uni gekommen? （疑問文）

Was hast du gestern gemacht? （疑問文）

Ich habe am letzten Wochenende viel lernen müssen. （話法の助動詞を含む場合）

確 認 練 習

1）次の動詞の意味と過去基本形、過去分詞を調べましょう。

1. arbeiten　2. essen　3. sehen　4. studieren　5. aufmachen

2）次の文の動詞を適切な形にして空欄に入れましょう。

1. Er（　　　）gestern Deutsch（　　　　）.　　　　　　　〔haben / lernen〕
2. Letzte Woche（　　　）Sophia nach Tokyo（　　　　）.〔sein / kommen〕
3. Ich（　　　）letzte Nacht meine Eltern（　　　　）.　　〔haben / anrufen〕

Sophia: Was hast du in den Ferien gemacht?

Takuya: Ich **bin nach Wien gefahren**.

Sophia: Super! Und was hast du dort gemacht?

Takuya: Ich **habe das Kunsthistorische Museum besucht** und mir **viele Gemälde angesehen**.

Sophia: **Welches Gemälde** hat dir am besten gefallen?

Takuya: Äh... „**Der Turmbau zu Babel**" von Peter Bruegel dem Älteren hat mich sehr beeindruckt.

ペアで話そう ••

1）上の会話文をペアで音読しましょう。

2）太字部分（どんなことを・何をした？）を入れ替えて、会話をしてみましょう。

どんなことをした？

☐ tanzen ☐ Musik hören ☐ ins Konzert gehen ☐ in die Kneipe gehen
☐ Englisch lernen ☐ für die Prüfung lernen ☐ Kaffee trinken ☐ anrufen
☐ Rad fahren ☐ Karaoke singen ☐ schwimmen ☐ zu den Eltern gehen
☐ jobben ☐ verschlafen ☐ zur Uni gehen ☐ Tennis spielen ☐ einkaufen gehen
☐ die Nationalbibliothek besuchen ☐ in den Zoologischen Garten gehen

何を見た？ 何が気に入った？

☐ Gemälde ☐ Kunstwerk ☐ Buch ☐ Oper ☐ Essen ☐ Film

 Teil C **Aktivität**

1） Sophiaが何をしたのか、下のメモをみて文章を作りましょう。

ヒント：いつ、彼女は、何をしましたか？

「彼女は～に、…をしました。」という文にする。

Montag	mit ihrem Freund fernsehen
Dienstag	einen Roman lesen
letzte Woche	eine Hausarbeit schreiben
gestern	Sushi essen
heute morgen	verschlafen

2） 前ページの語群を参考に、あなたのしたことを書き出し、互いに質問してみましょう。

	ich	Partner / Partnerin
Montag		
Dienstag		
letzte Woche		
gestern		
heute morgen		

コラム5 ドイツ語圏のクリスマス

ドイツ語圏の年中行事で最も重要なのは、クリスマス（s Weihnachten）です。１１月下旬から始まるアドヴェント（r Advent）の時期から、街の中心にはクリスマスマーケット（r Weihnachtsmarkt）が開催されます。マーケットでは、クリスマスツリー（r Weihnachtsbaum）だけでなく、さまざまな飾りやレープクーヘンのようなお菓子が売られています。寒いこの時期には、砂糖やスパイスで味付けした温かいグリューヴァイン（r Glühwein）を飲みます。ドレスデンや東部の地域は、木工細工が有名で、木でできた人形やクリスマスピラミッド（e Weihnachtspyramide）が家々に飾られます。

次の文をドイツ語で書きましょう。

1. 一年前に(vor einem Jahr)ミドリは神戸へ行った。

2. 昨日(gestern)君たちは何をしたの？

3. 僕たちはサッカーをしていた(Fußball spielen)よ。

4. 今朝(heute morgen)君は何時に起きた？

5. 僕は8時半に起きたよ。

6. エリアスはお昼にピザ(*e* Pizza)を食べた。

7. フェリックスは午後に映画を見た。

8. 私の父は母と週末にコンサートに(ins Konzert)行っていた。

9. 彼女は週末は家にこもっていた(zu Hause bleiben)。

10. 彼女は数学(Mathematik)を勉強しなければならなかった。

ウィーン　**Wien**
芸術の都ウィーンは、かつてのハプスブルク帝国時代から変わらず、オーストリアの中心都市であり、多くの劇場や美術館がある街です。

文法補足

1）命令形

相手に、〜しなさい、〜してください、というときの命令形は、相手が誰であるかによって、動詞の形が変わります。

- **du に対する命令　語幹+eまたは語幹のみ**

gehen	Geh!	Geh sofort nach Hause!	すぐに家に帰りなさい！
sehen	Sieh!	Sieh mal das Bild da!	その絵を見て！
helfen	Hilf!	Hilf mir bitte!	私を助けて！

＊sehen, helfenなどの不規則変化動詞の場合は、変化した形（du siehst, du hilfst）から語尾をとった形が命令形です。fahrenのような「a→ä」に変化する不規則動詞の場合は命令形で形は変わりません。（Fahr!）

- **ihr に対する命令　語幹+t**

gehen	Geht!	Geht sofort nach Hause!	君たちすぐに家へ帰りなさい！
kommen	Kommt!	Kommt zu mir!	君たち私のところへ来なさい！

＊du, ihrが相手の命令文には、duやihrは含まれません。

- **Sie に対する命令　-en+Sie**

gehen	Gehen Sie!	Gehen Sie heute nach Tokyo!	今日東京へ行ってください！
kommen	Kommen Sie!	Kommen Sie noch mal am nächsten Wochenende!	来週末にもう一度来てください。

2）形容詞の語尾変化

形容詞は、名詞の前につくときに、冠詞類の種類や名詞の性、数、格に応じて、語尾の形が変化します。

A: Ich habe einen schwarzen Hund.　　　　　私は一匹の黒い犬を飼っている。
B: Ein schwarzer Hund schläft vor dem Haus.　一匹の黒い犬が家の前で寝ている。

どちらも黒い犬であることには変わりませんが、Aの文では4格、Bの文では1格であるため、語尾の形が異なります。

1：冠詞なし　形容詞　名詞の場合

	男性	中性	女性	複数
1格	roter Wein	frisches Brot	kalte Milch	frische Äpfel
2格	roten Wein(e)s	frischen Brotes	kalter Milch	frischer Äpfel
3格	rotem Wein	frischem Brot	kalter Milch	frischen Äpfeln
4格	roten Wein	frisches Brot	kalte Milch	frische Äpfel

2：不定冠詞（類）　形容詞　名詞の場合

	男性	中性	女性	複数
1格	mein roter Hut	mein neues Rad	meine alte Uhr	meine kleinen Kinder
2格	meines roten Hutes	meines neuen Rad(e)s	meiner alten Uhr	meiner kleinen Kinder
3格	meinem roten Hut	meinem neuen Rad	meiner alten Uhr	meinen kleinen Kindern
4格	meinen roten Hut	mein neues Rad	meine alte Uhr	meine kleinen Kinder

3：定冠詞（類）　形容詞　名詞の場合

	男性	中性	女性	複数
1格	der große Hund	das nette Kind	die kleine Katze	die frischen Brote
2格	des großen Hund(e)s	des netten Kind(e)s	der kleinen Katze	der frischen Brote
3格	dem großen Hund	dem netten Kind	der kleinen Katze	den frischen Broten
4格	den großen Hund	das nette Kind	die kleine Katze	die frischen Brote

3）形容詞・副詞の比較

より～である＝比較級 **-er**
もっとも～である＝最上級 **-st**

alt - älter - ältest
groß - größer - größt
schön - schöner - schönst
gut - besser- best　＊例外

1：付加語的用法＝名詞を直接修飾する場合→形容詞と同じように語尾が変化

Ich habe einen älteren Bruder.　　　　　私には一人兄がいる。
Der Fuji ist der höchste Berg in Japan.　富士山は日本で最も高い山だ。

2：述語的用法

AはBよりも…だ＝比較級＋**als**
Elias ist größer als Felix. エリアスはフェリックスより大きい。

Aは最も…だ＝**der（das, die）** 最上級**-e, am** ＋最上級**-en**
Felix ist der fleißigste (Student) in der Klasse.　フェリックスはクラスで一番まじめだ。
Midori läuft am schnellsten in der Klasse.　　　ミドリはクラスで一番足が速い。

＊副詞にも比較級最上級があります。
Ich trinke lieber Orangensaft als Apfelsaft.
　　　　　　　　　　　　私はアップルジュースよりオレンジジュースが好きです。
Elias trinkt am liebsten Wein.　エリアスはワインが一番好きです。

4）基数、序数、日付の表現
1：20以降の数

20 zwanzig	29 neunundzwanzig	60 sechzig	100 hundert
21 einundzwanzig	30 dreißig	70 siebzig	1000 tausend
22 zweiundzwanzig	40 vierzig	80 achtzig	1000000 eine million
23 dreiundzwanzig	50 fünfzig	90 neunzig	

3桁以上の数字の場合

358　　dreihundertachtundfünfzug
6397　sechstausenddreihundertsiebenundneunzig

年号の場合

1995　neunzehnhundertfünfundneunzig
2019　zweitausendneunzehn

2：序数とは「何番めの」という意味で、形容詞と同じように変化します。

1	erst-	6	sechst-	11	elft-	16	sechzehnt-	21	einundzwanzigst-
2	zweit-	7	siebt-	12	zwölft-	17	siebzehnt-	30	dreißigst-
3	dritt-	8	acht-	13	dreizehnt-	18	achtzehnt-	40	vierzigst-
4	viert-	9	neunt-	14	vierzehnt-	19	neunzehnt-	50	fünfzigst-
5	fünft-	10	zehnt-	15	fünfzehnt-	20	zwanzigst-	60	sechzigst-

Der Wievielte ist heute? — Heute ist der 7.(siebte) August.

今日は何日ですか？―8月7日です。

＊der wievielte（Tag），der siebte（Tag）のように男性名詞Tagが省略されています。

Wann hast du Geburtstag? — Ich habe am 8.(achten) September Geburtstag.

君の誕生日はいつ？―誕生日は9月8日だよ

＊この場合は序数のあとの名詞Septemberが男性名詞で3格なので語尾がenとなります。

5）受動態

1：…によって～される

受動態の文を作るときには、助動詞としてwerdenを使います。

werden＋von（3格）／durch（4格）　過去分詞

Der Student wird von dem Lehrer gelobt.　その学生は教師によって褒められる。

Das Haus wurde durch den Sturm zerstört. その家は嵐によって破壊された。（過去形）

Der Roman ist von Thomas Mann geschrieben worden.

その小説はトーマス・マンによって書かれた。(現在完了形)

werdenの人称変化	**werden**	**wurde**（過去基本形）
ich	werde	wurde
du	wirst	wurdest
er / sie / es	wird	wurde
wir	werden	wurden
ihr	werdet	wurdet
sie / Sie	werden	wurden

2：状態受動…されている

sein＋過去分詞

Die Bibliothek ist am Montag geschlossen.　　その図書館は月曜日は閉められている。

6）zu不定詞

不定詞の前にzuを置いたものをzu不定詞と呼び、それを含む句をzu不定詞句といいます。

主語・述語としての用法

Es ist interessant, einen Roman zu lesen.　　小説を読むのはおもしろいものだ。

Einen Roman zu lesen ist interessant.

目的語

Ich verspreche dir, morgen mit dir zu gehen.　明日君と行くって約束するよ。

名詞の付加語

Ich habe keine Lust, dich zu treffen.　　今日君と会う気はないよ。

熟語的な表現

um＋zu不定詞　　〜するために

Sie fährt nach Wien, um dort Geschichte zu studieren.

彼女はウィーンに、歴史を学ぶために行く。

statt＋zu不定詞　　〜するかわりに

Er schickt mir eine SMS, statt mich anzurufen.　彼は電話をかける代わりにSMSを送ってくる。

ohne＋zu不定詞　　〜することなく

Er geht aus, ohne mich anzusehen.　　　　　　彼は私を見ることなく出て行く。

7）再帰代名詞・再帰動詞

1：再帰代名詞

主語と同じものを指す代名詞を再帰代名詞といいます。再帰代名詞は、基本的に人称代名詞と同じ形ですが、二人称敬称および三人称のとき３、４格ともにsichとなります。

1格	ich	du	er / sie / es	wir	ihr	sie	Sie
3格	mir	dir	sich	uns	euch	sich	sich
4格	mich	dich	sich	uns	euch	sich	sich

Ich setze mich auf den Stuhl.　私は椅子に座る。

Er wäscht sich.　　　　　　　　彼は自分の体を洗う。

2：再帰動詞

再帰代名詞とともに使われる動詞を再帰動詞といいます。再帰動詞はしばしば決まった前置詞とともに熟語的に使われます。

sich⁴ an 4格：**erinnern** 〜を覚えている

Er erinnert sich gut an seine Kindheit.　　　彼は子供の頃のことをよく覚えている。

sich⁴ auf 4格：**freuen** 〜を楽しみにする

Ich freue mich darauf, sie wiederzusehen.　彼女と再会することを私は楽しみにしている。

sich⁴ über 4格：**freuen** 〜を喜ぶ

Wir freuen uns herzlich über dein Geschenk.　私たちは君からのプレゼントを心から喜んでいる。

sich⁴ für 4格：**interessieren** 〜に興味を持つ

Sie interessiert sich für die Geschichte.　　彼女は歴史に興味を持っている。

8）接続法

伝聞や仮定として事柄を言うのが接続法です。

…であると言う、や、…であるとしたら、…であればよかったのに、といった表現に使います。

1：接続法Ⅰ式　　語幹+eに語尾がつく（seinは例外）

	kommen	**lernen**	**haben**	**werden**	**sein**
ich	komme	lerne	habe	werde	sei
du	kommest	lernest	habest	werdest	seist
er / sie / es	komme	lerne	habe	werde	sei
wir	kommen	lernen	haben	werden	seien
ihr	kommet	lernet	habet	werdet	seiet
sie / Sie	kommen	lernen	haben	werden	seien

接続法Ⅰ式の用法

間接話法：Sie sagt mir, sie komme aus Tokyo.

Sie sagt mir, dass sie aus Tokyo komme.

<small>彼女は東京から来たと私に言う。</small>

2：接続法Ⅱ式　過去基本形+eに語尾がつく

規則動詞＝過去基本形と同じ形。　　lernen→lernte

不規則動詞＝語尾にeがつく。幹母音のa, o, uにはウムラウトがつく。　　kommen→käme

	kommen	lernen	haben	werden	sein
ich	käme	lernte	hätte	würde	wäre
du	kämest	lerntest	hättest	würdest	wärest
er / sie / es	käme	lernte	hätte	würde	wäre
wir	kämen	lernten	hätten	würden	wären
ihr	kämet	lerntet	hättet	würdet	wäret
sie / Sie	käme	lernten	hätten	würden	wären

接続法Ⅱ式の用法

非現実話法：wenn... 接続法Ⅱ式, würde... 不定詞＝もし…ならば、…なのに

Wenn ich Geld hätte, würde ich den Computer kaufen.

Hätte ich Geld, kaufte ich den Computer.

<small>もしお金があれば、そのコンピュータが買えるのに。</small>

Wenn ich in Berlin wäre, würde ich dich sehen.

Wäre ich in Berlin, sähe ich dich.

<small>もしベルリンにいれば、君に会えるのに。</small>

＊このように、省略して書くこともできます。

丁寧な依頼

Könnten Sie mir bitte sagen, wie ich zum Bahnhof komme?

<small>駅にはどうやっていけるか教えていただけませんか。</small>

控えめな要求

Ich hätte gern ein Glas Bier.　ビールを一杯欲しいのですが。

ノイシュヴァンシュタイン城　Schloss Neuschwanstein

バイエルン南部の山中には、バイエルン王ルートヴィヒ二世が
中世の城に憧れて作った、ノイシュヴァンシュタイン城があり
ます。険しい山の上に、華麗な城郭が立っています。

主要不規則動詞変化表

不定詞	直説法現在	過去基本形	接続法第２式	過去分詞
backen （パンなどを）焼く	*du* bäckst（backst） *er* bäckt（backt）	**backte**	backte	**gebacken**
befehlen 命令する	*du* befiehlst *er* befiehlt	**befahl**	beföhle （befähle）	**befohlen**
beginnen 始める，始まる		**begann**	begänne （begönne）	**begonnen**
bieten 提供する		**bot**	böte	**geboten**
binden 結ぶ		**band**	bände	**gebunden**
bitten たのむ		**bat**	bäte	**gebeten**
bleiben とどまる		**blieb**	bliebe	**geblieben**
braten （肉などを）焼く	*du* brätst *er* brät	**briet**	briete	**gebraten**
brechen 破る，折る	*du* brichst *er* bricht	**brach**	bräche	**gebrochen**
brennen 燃える		**brannte**	brennte	**gebrannt**
bringen 持って来る		**brachte**	brächte	**gebracht**
denken 考える		**dachte**	dächte	**gedacht**
dürfen …してもよい	*ich* darf *du* darfst *er* darf	**durfte**	dürfte	**gedurft** **dürfen**
empfehlen 推薦する	*du* empfiehlst *er* empfiehlt	**empfahl**	empfähle （empföhle）	**empfohlen**
erschrecken 驚く	*du* erschrickst *er* erschrickt	**erschrak**	erschräke	**erschrocken**
essen 食べる	*du* isst *er* isst	**aß**	äße	**gegessen**
fahren （乗物で）行く	*du* fährst *er* fährt	**fuhr**	führe	**gefahren**
fallen 落ちる	*du* fällst *er* fällt	**fiel**	fiele	**gefallen**
fangen 捕える	*du* fängst *er* fängt	**fing**	finge	**gefangen**
finden 見つける		**fand**	fände	**gefunden**
fliegen 飛ぶ		**flog**	flöge	**geflogen**

不定詞	直説法現在	過去基本形	接続法第2式	過去分詞
fliehen 逃げる		**floh**	flöhe	**geflohen**
fließen 流れる		**floss**	flösse	**geflossen**
frieren 凍る		**fror**	fröre	**gefroren**
geben 与える	*du* gibst *er* gibt	**gab**	gäbe	**gegeben**
gehen 行く		**ging**	ginge	**gegangen**
gelingen 成功する		**gelang**	gelänge	**gelungen**
gelten 値する，有効である	*du* giltst *er* gilt	**galt**	gälte (gölte)	**gegolten**
genießen 享受する，楽しむ		**genoss**	genösse	**genossen**
geschehen 起こる	*es* geschieht	**geschah**	geschähe	**geschehen**
gewinnen 獲得する，勝つ		**gewann**	gewänne (gewönne)	**gewonnen**
graben 掘る	*du* gräbst *er* gräbt	**grub**	grübe	**gegraben**
greifen つかむ		**griff**	griffe	**gegriffen**
haben 持っている	*du* hast *er* hat	**hatte**	hätte	**gehabt**
halten 持って(つかんで)いる	*du* hältst *er* hält	**hielt**	hielte	**gehalten**
hängen 掛かっている		**hing**	hinge	**gehangen**
heben 持ちあげる		**hob**	höbe	**gehoben**
heißen …と呼ばれる		**hieß**	hieße	**geheißen**
helfen 助ける	*du* hilfst *er* hilft	**half**	hülfe (hälfe)	**geholfen**
kennen 知っている		**kannte**	kennte	**gekannt**
kommen 来る		**kam**	käme	**gekommen**
können …できる	*ich* kann *du* kannst *er* kann	**konnte**	könnte	**gekonnt** **können**
laden (荷を)積む	*du* lädst *er* lädt	**lud**	lüde	**geladen**
lassen …させる	*du* lässt *er* lässt	**ließ**	ließe	**gelassen**

不定詞	直説法現在	過去基本形	接続法第2式	過去分詞
laufen 走る	*du* läufst *er* läuft	**lief**	liefe	**gelaufen**
leiden 悩む，苦しむ		**litt**	litte	**gelitten**
leihen 貸す，借りる		**lieh**	liehe	**geliehen**
lesen 読む	*du* liest *er* liest	**las**	läse	**gelesen**
liegen 横たわっている		**lag**	läge	**gelegen**
lügen うそをつく		**log**	löge	**gelogen**
messen 測る	*du* misst *er* misst	**maß**	mäße	**gemessen**
mögen …かもしれない	*ich* mag *du* magst *er* mag	**mochte**	möchte	**gemocht** **mögen**
müssen …ねばならない	*ich* muss *du* musst *er* muss	**musste**	müsste	**gemusst** **müssen**
nehmen 取る	*du* nimmst *er* nimmt	**nahm**	nähme	**genommen**
nennen …と呼ぶ		**nannte**	nennte	**genannt**
raten 助言する	*du* rätst *er* rät	**riet**	riete	**geraten**
reißen 引きちぎる		**riss**	risse	**gerissen**
reiten 馬に乗る		**ritt**	ritte	**geritten**
rennen 走る		**rannte**	rennte	**gerannt**
rufen 叫ぶ，呼ぶ		**rief**	riefe	**gerufen**
schaffen 創造する		**schuf**	schüfe	**geschaffen**
scheinen 輝く，思われる		**schien**	schiene	**geschienen**
schieben 押す		**schob**	schöbe	**geschoben**
schießen 撃つ		**schoss**	schösse	**geschossen**
schlafen 眠っている	*du* schläfst *er* schläft	**schlief**	schliefe	**geschlafen**
schlagen 打つ	*du* schlägst *er* schlägt	**schlug**	schlüge	**geschlagen**
schließen 閉じる		**schloss**	schlösse	**geschlossen**

不定詞	直説法現在	過去基本形	接続法第2式	過去分詞
schmelzen 溶ける	*du* schmilzt *er* schmilzt	**schmolz**	schmölze	**geschmolzen**
schneiden 切る		**schnitt**	schnitte	**geschnitten**
schreiben 書く		**schrieb**	schriebe	**geschrieben**
schreien 叫ぶ		**schrie**	schriee	**geschrien**
schweigen 沈黙する		**schwieg**	schwiege	**geschwiegen**
schwimmen 泳ぐ		**schwamm**	schwömme (schwämme)	**geschwommen**
schwinden 消える		**schwand**	schwände	**geschwunden**
sehen 見る	*du* siehst *er* sieht	**sah**	sähe	**gesehen**
sein 在る	*ich* bin *wir* sind *du* bist ihr seid *er* ist sie sind	**war**	wäre	**gewesen**
senden 送る		**sendete** (**sandte**)	sendete	**gesendet** (**gesandt**)
singen 歌う		**sang**	sänge	**gesungen**
sinken 沈む		**sank**	sänke	**gesunken**
sitzen 座っている		**saß**	säße	**gesessen**
sollen …すべきである	*ich* soll *du* sollst *er* soll	**sollte**	sollte	**gesollt** **sollen**
spalten 割る		**spaltete**	spaltete	**gespalten**
sprechen 話す	*du* sprichst *er* spricht	**sprach**	spräche	**gesprochen**
springen 跳ぶ		**sprang**	spränge	**gesprungen**
stechen 刺す	*du* stichst *er* sticht	**stach**	stäche	**gestochen**
stehen 立っている		**stand**	stände (stünde)	**gestanden**
stehlen 盗む	*du* stiehlst *er* stiehlt	**stahl**	stähle (stöhle)	**gestohlen**
steigen 登る		**stieg**	stiege	**gestiegen**
sterben 死ぬ	*du* stirbst *er* stirbt	**starb**	stürbe	**gestorben**
stoßen 突く	*du* stößt *er* stößt	**stieß**	stieße	**gestoßen**

不定詞	直説法現在	過去基本形	接続法第2式	過去分詞
streichen なでる		**strich**	striche	**gestrichen**
streiten 争う		**stritt**	stritte	**gestritten**
tragen 運ぶ，身につける	*du* trägst *er* trägt	**trug**	trüge	**getragen**
treffen 当たる，会う	*du* triffst *er* trifft	**traf**	träfe	**getroffen**
treiben 追う		**trieb**	triebe	**getrieben**
treten 歩む，踏む	*du* trittst *er* tritt	**trat**	träte	**getreten**
trinken 飲む		**trank**	tränke	**getrunken**
tun する		**tat**	täte	**getan**
vergessen 忘れる	*du* vergisst *er* vergisst	**vergaß**	vergäße	**vergessen**
verlieren 失う		**verlor**	verlöre	**verloren**
wachsen 成長する	*du* wächst *er* wächst	**wuchs**	wüchse	**gewachsen**
waschen 洗う	*du* wäschst *er* wäscht	**wusch**	wüsche	**gewaschen**
wenden 向ける		**wendete** （**wandte**）	wendete	**gewendet** （**gewandt**）
werben 得ようと努める	*du* wirbst *er* wirbt	**warb**	würbe	**geworben**
werden （…に）なる	*du* wirst *er* wird	**wurde**	würde	**geworden**
werfen 投げる	*du* wirfst *er* wirft	**warf**	würfe	**geworfen**
wissen 知っている	*ich* weiß *du* weißt *er* weiß	**wusste**	wüsste	**gewusst**
wollen …しようと思う	*ich* will *du* willst *er* will	**wollte**	wollte	**gewollt** **wollen**
ziehen 引く，移動する		**zog**	zöge	**gezogen**
zwingen 強制する		**zwang**	zwänge	**gezwungen**

ミニマムドイツ語・ノイ

検印
省略

© 2019 年 1 月 30 日　　初 版 発 行
　　2020 年 1 月 30 日　　第 2 刷 発 行
　　2021 年 1 月 30 日　　改訂初版発行
　　2022 年 1 月 30 日　　改訂第 2 刷発行

著者　　　　　　　　　　　　　熊谷哲哉

発行者　　　　　　　　　　　　原　　雅　久
発行所　　　　　　株式会社 朝 日 出 版 社
　　　　〒 101-0065 東京都千代田区西神田 3-3-5
　　　　　　電話 (03) 3239-0271・72 （直通）
　　　　　　http://www.asahipress.com/
　　　　　　振替口座　東京　00140-2-46008
　　　　　　　　　　　　　明昌堂／図書印刷